AF232850

DE

L'ORGANISATION DU TRAVAIL.

EXTRAIT

DE LA REVUE DE LÉGISLATION ET DE JURISPRUDENCE.

(·Livraison de novembre 1844.)

IMPRIMERIE DE HENNUYER ET TURPIN, RUE LEMERCIER, 24.

Batignolles.

CONSERVATOIRE ROYAL DES ARTS ET MÉTIERS.

COURS

DE LÉGISLATION

INDUSTRIELLE.

Sixième année.

PREMIÈRE LEÇON. (27 NOVEMBRE 1844.)

DE L'ORGANISATION DU TRAVAIL.

PARIS

AU BUREAU DE LA REVUE
DE LÉGISLATION ET DE JURISPRUDENCE,
21, RUE BERGÈRE.

—

1844

DE L'ORGANISATION DU TRAVAIL.

> Quand on est raisonnable, on ne délibère pas pour savoir si l'on fera ou non remonter un fleuve vers sa source ; mais il est fort nécessaire de prévoir les ravages de ce fleuve, de diriger ses écarts, et surtout de profiter du bienfait de ses eaux.
>
> (J.-B. Say, *Économie politique prat. du service des machines*, t. i, p. 191, édition Guillaumin.)

Il est un mot qui retentit aujourd'hui de toute part, qui éveille de nobles espérances, et qui sert de devise commune aux essais les plus divergents ; ce mot, c'est l'*organisation du travail*. Comme l'on vit jadis des navigateurs hardis s'élancer à la découverte du nouveau monde, les penseurs se dirigent maintenant vers cette terre de bonne espérance, où l'amélioration matérielle, morale et intellectuelle des classes laborieuses doit rencontrer une consécration définitive.

D'où vient cette inquiétude universelle et cette aspiration vers l'inconnu? Certes, quand une idée généreuse s'est emparée si fortement des esprits, quand elle a conquis droit de cité dans la discussion publique, bien insensé serait celui qui se refuserait à en tenir compte, et qui s'endormirait dans une sécurité trompeuse, sans souci de l'avenir.

Étudier les causes du malaise social, tel est le premier devoir du moment, et il faudrait fermer les yeux au spectacle de la misère, et le cœur aux élans de la pitié, pour ne pas comprendre qu'une large carrière reste ouverte à nos efforts.

Est-ce à dire que les conquêtes de la Révolution, que les principes de liberté et d'égalité n'aient conduit qu'à augmenter les souffrances du plus grand nombre ? Le prétendre, ce serait commettre une sorte de blasphème, auquel l'examen des faits donne un éclatant démenti. Mais s'il n'est pas vrai que le mal ait acquis plus d'intensité, si tout nous conduit au contraire à soutenir qu'une amélioration notable s'est déjà opérée, il n'en résulte point que nous puissions nous reposer dans l'indolente expectative d'un progrès nouveau. La société moderne a des devoirs plus étendus à remplir ; les sentiments d'égalité, de fraternité, après avoir trouvé un refuge dans la religion, ont pénétré dans les lois : il ne suffit pas que la lèpre de la misère étende moins ses ravages, il faut qu'elle disparaisse ; il faut aussi que l'intelligence des classes laborieuses s'élève en même temps que leur bien-être. Celui-ci rencontrera d'ailleurs dans les progrès de l'intelligence le levier le plus puissant et le mieux assuré.

Si tout le monde est d'accord sur le but, rien n'est plus varié que les voies indiquées pour y parvenir ; le désir de soulager des infortunes imméritées, de fermer tant de plaies saignantes, s'est emparé de toutes les intelligences ; mais entraînés par une imagination hardie, par une impatience ambitieuse, des esprits d'élite ont cru qu'il fallait refondre la société d'un seul jet ; qu'il ne s'agissait pas simplement d'une œuvre d'amélioration, mais d'un milieu nouveau à créer pour le développement régulier de l'activité humaine.

Loin de nous la pensée de méconnaître les services rendus par Saint-Simon, par Fourier ; leurs travaux appellent une étude sérieuse : Saint-Simon a restauré l'idée de l'autorité et fait accepter le principe de la légitime rétribution du travail ; Fourier a mis en lumière la puissance de l'association. Laissons de côté la bizarrerie de la forme, élaguons les excentricités, et nous trouverons dans l'œuvre de ce dernier, comme dans les écrits de ses disciples, des indications fécondes.

Les alchimistes du moyen âge cherchaient au fond de

leur creuset la transmutation des métaux ; les alchimistes de la pensée ont essayé de pétrir de leurs mains un nouvel ordre social ; mais la nature seule donne l'or pur, et la véritable organisation du travail ne sortira point d'une combinaison plus ou moins puissante, comme Minerve tout armée du cerveau de Jupiter.

La méprise des *penseurs* consiste à croire que la *formule* peut plier les faits sous son empire, tandis que ce sont les faits qui précèdent la formule, et que celle-ci n'est acceptée par le monde que si elle exprime une révolution déjà accomplie dans la conscience publique.

D'autres écrivains, moins encyclopédiques dans leurs créations, ont prétendu ramener l'ordre dans l'exploitation industrielle, en bannir des tiraillements périlleux, assurer aux classes laborieuses une occupation suivie et bien rémunérée. Ceux-là veulent remplacer l'action individuelle par l'action collective, et substituer un mouvement régulier à un état de désordre et d'anarchie. Tous les maux viennent, à leur sens, de ce que le travail n'est pas organisé ; ils disparaîtront tous devant *l'organisation du travail.*

Avant que de pénétrer plus loin dans cette discussion, nous devons faire observer qu'au milieu du débat agité au sujet du vaste problème que nous venons d'indiquer, une confusion étrange s'est produite à la suite d'une erreur de langage. Le même terme a reçu les acceptions les plus différentes ; on a lu sur toutes les bannières le mot magique *d'organisation du travail*, mais les uns y ont attaché le sens d'une rénovation de la société ; les autres, la pensée de la transformation totale de l'industrie ou d'un retour au régime des corporations ; la plupart, enfin, y ont vu plutôt une tendance, une formule, pour des désirs vagues et des espérances mal définies, qu'un système véritable, qu'un édifice complet dans lequel on assignerait à chaque institution la place qu'elle devrait occuper. Pour ceux-ci, il s'agit encore de dégager l'inconnue, de signaler la valeur latente d'une création négative jusqu'ici, puisqu'elle a simplement servi de mot d'ordre, de terme de ralliement aux hommes qui ont dépeint avec chaleur les maux du présent, sans avoir rencontré les moyens propres à les guérir.

Ces écoles si divergentes n'ont de commun qu'une dénomination vague, élastique, espèce de pavillon universel qui couvre la multiplicité des solutions qu'elles provoquent. Nous nous trompons; il est encore un autre point sur lequel elles se rencontrent, c'est le procès intenté à l'œuvre de 1789, c'est la responsabilité de tous les maux du présent, qu'elles font peser sur l'émancipation du travail, sur le régime de la *concurrence*.

A les entendre, la liberté industrielle a trompé les généreuses espérances de ses partisans; elle n'a produit que baisse des salaires, falsification des produits, fraude générale, crises funestes, et, au lieu d'ouvrir devant les travailleurs un avenir meilleur, elle les a plongés dans un horrible dénûment.

Ces reproches sont-ils fondés dans leur généralité absolue? Nos pères ont-ils cédé à un entraînement fatal en transportant dans le domaine de l'industrie les grands principes de liberté et d'égalité qu'ils faisaient triompher dans la cité?

Nous ne saurions nous associer à une pareille ingratitude, et nous pensons que cette sentence ne repose que sur un malentendu.

On impute à un principe juste, moral et fécond des conséquences que l'abus seul de ce principe a pu entraîner, et qu'une prévoyance plus active ne manquera pas d'écarter. Le problème de l'amélioration du sort dès classes laborieuses n'admet pas ces solutions, régulières en apparence, qui opèrent sur les hommes comme sur des chiffres inertes, et simplifient les données en faisant abstraction de l'indépendance du travailleur. La Révolution a conçu une idée plus haute de nos destinées; elle ne s'est pas bornée à proclamer une vaine théorie; si elle détruisait d'une main, elle édifiait de l'autre. Sans doute son œuvre est restée inachevée, mais elle a posé les jalons, elle a indiqué la route à suivre, et, ici comme ailleurs, il ne nous reste qu'à mener à bonne fin les conceptions de son génie. Elle a donné la liberté pour base à l'édifice du travail : fidèles à ses leçons, gardons-nous bien de confisquer la liberté industrielle, mais occupons-nous d'en régulariser la marche; telle est la mission de notre époque, tel est à nos yeux le véritable sens de *l'organisation du travail*, et l'unique moyen sérieux, pratique, efficace, de consolider l'émancipation des classes laborieuses.

Nous ne reviendrons pas sur les questions de fraude, de falsification, d'anarchie du marché; dans nos leçons de l'année dernière, nous nous sommes attaché à démontrer que la liberté de la production se conciliait à merveille avec des moyens de garantie et de contrôle, qui assurent la loyauté et la régularité des transactions. Il nous reste à compléter cette étude en abordant le point le plus essentiel, celui du sort réservé aux travailleurs, car nous n'oublions pas que ses produits sont faits pour les hommes, et non pas les hommes pour les produits [1].

L'émancipation du travail a causé, dit-on, la baisse des salaires et le dénûment des ouvriers. Cette accusation est

---

[1] Droz, *Economie politique.*

injuste : les salaires sont plus élevés aujourd'hui qu'ils ne l'étaient avant la Révolution, et la misère ne s'est pas accrue. On n'a nullement besoin de charger le tableau pour éveiller la sollicitude publique; restons dans le vrai, et nous arriverons plus vite au but. Nous n'en serons pas moins bien venus à réclamer l'amélioration physique et morale du sort des travailleurs, car ils ont aujourd'hui des droits plus étendus, car la misère est une monnaie dont le titre varie suivant l'intensité des besoins de l'homme. Ceux-ci ne forment point une quantité fixe, ils reculent à mesure que la production avance [1].

Pour satisfaire à ces besoins, il faut avant tout augmenter la masse de la richesse commune; autrement la quote-part relative de chacun des membres de la société demeurera toujours exigüe.

Or, c'est la liberté qui est le levier le plus énergique de l'accroissement de la production, c'est la liberté de l'industrie, aidée par l'affranchissement du sol, qui en moins d'un demi-siècle a doublé la masse du revenu national, c'est elle qui nous a permis de soutenir contre l'Europe entière une lutte de géants, de pourvoir aux sacrifices de la République, aux guerres de l'Empire, aux milliards d'indemnité de la Restauration, sans épuiser nos ressources, en ajoutant au contraire, d'année en année, à la richesse publique.

Les faits accomplis depuis cinquante années ont hautement confirmé ces paroles de la fille de Necker, de madame de Staël [2], paroles que nous ne saurions trop souvent rappeler :

« C'est à la suppression des maîtrises, des jurandes, de

---

[1] J.-B. Say, *Cours complet d'économie politique*, t. I, p. 189, édition Guillaumin.

[2] *Considérations sur la révolution française.*

tòutes les gênes imposées à l'industrie, qu'il faut attribuer
l'accroissement des manufactures et l'esprit d'entreprise qui
s'est montré de toute part. Une nation depuis longtemps
attachée à la glèbe est sortie, pour ainsi dire, de dessous
terre, et on s'étonne encore, malgré les fléaux de la discorde
civile, de tout ce qu'il y a de talent, de richesses et d'ému-
lation, dans un pays qu'on délivre de la triple chaîne d'une
église intolérante, d'une noblesse féodale et d'une autorité
royale sans limites ! »

En condamnant l'œuvre de la Révolution, on oublie les
immenses bienfaits dont elle a été la source, et l'on ne s'attache qu'à des déviations, qu'il est possible d'empêcher au
moyen d'une législation prévoyante et des institutions auxiliaires, variées dans leur forme, fécondes dans leurs résul-
tats, que sollicite le principe inscrit au frontispice de notre
nouveau Code du travail.

La liberté donne au développement des facultés humaines
sa plus grande puissance, elle assure à l'homme l'usage de
la conquête la plus sacrée, *de ce droit de travailler*, que
Turgot essaya vainement de faire accepter par l'ancienne
monarchie. Alors, chaque vocation naturelle et chaque ha-
bilité acquise se trouvent utilisées, aucune force ne reste
stérile et inerte par l'absence du droit de l'exercer. Les
femmes échappent à la servitude, leur position s'améliore.
Que les besoins changent, que les conditions de la production se modifient, il en résulte un changement correspon-
dant dans l'objet ou le mode de travail. Le fruit du travail
de la veille, mis en réserve pour augmenter les instruments
de la production, le capital, rencontre l'emploi le plus fruc-
tueux. Le producteur peut se régler sur les besoins de la
consommation, consulter le goût de l'acheteur et les éventualités du commerce ; enfin le salutaire aiguillon de l'ému-

lation engendrée par la concurrence agit pour accroître la quantité des produits et pour améliorer leur qualité, comparée au prix de vente[1].

En un mot, la faculté de choisir un état, de l'exercer suivant le mode et avec l'extension qu'on juge utile d'adopter, et de vendre les produits de la manière qui semble la plus avantageuse, répond aux droits les plus sacrés de l'homme et imprime une excitation féconde à la richesse nationale. Le libre emploi des forces les élève à leur plus grande puissance[2].

Mais le droit de chacun est borné par le droit d'autrui et par celui de la société qui les domine tous; il ne s'agit donc point de consacrer l'explosion arbitraire d'une volonté absolue qui ne reconnaîtrait ni règles ni limites, mais de protéger l'usage rationnel des facultés de l'individu, sans que l'intérêt général soit lésé par l'exagération de l'intérêt personnel.

L'ordre logique commandait de conquérir d'abord la liberté industrielle, et de s'occuper ensuite d'en régulariser l'action La Révolution a rempli la première partie de cette tâche, elle a également jeté les bases d'une organisation du travail, en vue de la liberté. C'est cette œuvre puissante qu'il faut continuer aujourd'hui, et les efforts d'une génération ne seront pas de trop pour en amener le complet achèvement.

Nous disions, il y a un an, qu'on a mal interprété le fameux principe du *laisser faire* et du *laisser passer,* quand on a voulu y voir un appel désordonné à l'amour du lucre, libre de tout frein et de tout contrôle. Nous ajouterons que l'o. accuse également à tort les économistes de rêver une con-

---

[1] Mohl, *Polizei-Wissenschaft,* deuxième édition, t. II, p. 286
[2] Telle est la base véritable de la doctrine d'Adam Smith.

currence *illimitée*, échappant à toute règle, défiant la prévoyance sociale par ses capricieux écarts, indocile aux in-
spirations de la morale comme aux sujétions salutaires de la
loi. Écoutons l'un des hommes qui ont le plus contribué à
donner une forme claire et précise aux recherches sur la
formation et la distribution des richesses, écoutons J.-B.
Say, dont on méconnaît souvent les tendances, aussi bien que
celles de Smith, son maître, parce qu'on ne se donne pas
la peine d'étudier suffisamment leurs écrits ; J.-B. Say nous
montrera, à l'aide d'une ingénieuse image, le rôle assigné
à notre époque dans l'œuvre de l'organisation du travail :

« Quand on est raisonnable, on ne délibère pas si l'on
fera remonter ou non un fleuve vers sa source, mais il est
fort *nécessaire de prévoir les ravages de ce fleuve, de diriger
ses écats, et surtout de pro fiter du bienfait de ses eaux* [1]. »

Ne peut-on pas dire, pour continuer l'image que nous
venons d'emprunter à J.-B. Say, que les tentatives plus ou
moins ingénieuses qui veulent imposer à l'homme des pro-
cédés mécaniques d'*organisation du travail*, ressemblent à
ces jets d'eau merveilleux, à ces cascades du parc de Ver-
sailles, qui excitent notre surprise et presque notre admira-
tion? Que de soins habiles, que d'art et d'argent, employés
pour satisfaire un somptueux caprice sans utilité sérieuse ! Et
cependant, le fleuve majestueux qui roule ses eaux vers la
mer, en fécondant les contrées qu'il traverse, parle bien
plus à notre esprit, et produit une impression autrement
profonde.

La liberté du travail, c'est le grand fleuve industriel dont
il s'agit de régler le cours, de prévenir les débordements,

---

[1] *Cours complet d'écoomie politique prat.*, t. I, p. 191, édition Guillaumin.

mais sans l'empêcher de porter à l'océan de l'activité humaine ses ondes tributaires.

On a pu, dans un premier moment d'enivrement causé par la destruction du gothique édifice des maîtrises et jurandes, dans un moment d'exaltation du droit individuel, penser que la parole d'émancipation suffirait pour assurer un avenir prospère aux classes laborieuses; qu'en vertu des lois naturelles, chaque intérêt légitime retrouverait facilement son équilibre et occuperait sa place, comme les corps matériels qui obéissent à la puissance de la gravitation. Mais on ne tarda pas à comprendre que pour empêcher la liberté de dégénérer en fraude, en monopole et en oppression des incapables, et pour lui donner un appui tutélaire, il fallait tout un ensemble de lois, de règlements, de mesures de police. On sentit ensuite la nécessité de créer les institutions complémentaires que la prévoyance de l'État, substitué aux garanties incomplètes des anciennes corporations, devait susciter, encourager et établir.

C'est ainsi que sont nées les dispositions nombreuses qui ont déjà pris place dans notre Code industriel, c'est ainsi que quelques-unes des créations que réclament la sécurité et l'intérêt des travailleurs ont été organisées ou ébauchées.

Sans doute, et nous serons le premier à le dire, ces institutions sont bien incomplètes jusqu'ici; la plupart des lois relatives à la situation des travailleurs ont besoin d'une large révision; les faits économiques ont marché depuis le commencement de ce siècle, et la législation, à de rares exceptions près, est demeurée stationnaire. Ce désaccord entre les lois et les faits est funeste; la transformation pacifique du mode d'action des forces productives sollicite un ensemble de mesures en rapport avec les nécessités d'un ordre nouveau.

Il s'agit ici d'un travail de longue haleine, il s'agit d'institutions qui complètent l'exercice de l'indépendance acquise aux travailleurs, et de lois qui régularisent cet exercice. Le *laisser faire* et le *laisser passer* des économistes ne ressemble nullement à cette formule absolue que l'on a d'une part dénoncée et d'autre part utilisée, comme dispensant l'autorité de tout soin et de toute intervention. Pour bien comprendre cette maxime, il faut se reporter au régime oppressif de l'ancienne société : la formule de Quesnay a été surtout une protestation contre les entraves qui gênaient le libre développement du travail ; mais elle ne tendait point à faire abdiquer l'office du législateur ni à retirer à la société et à l'individu l'appui de cette force publique, de cette providence légale qui veille sur l'accomplissement de nos destinées. Il a pu paraître commode à des esprits indolents de trouver dans la solennité d'un prétendu *principe* d'économie tolitique une excuse pour les douceurs du *far niente* législatif et administratif ; mais on est généralement arrivé à comprendre que le rôle de l'autorité s'est agrandi sous le régime de la liberté du travail, au lieu de s'effacer. La tâche est aujourd'hui rude pour tout le monde, pour le gouvernement comme pour les particuliers ; car la liberté ne dispense ses bienfaits qu'aux mâles vertus d'un peuple laborieux et éclairé.

Ce que nous venons de dire suffit pour montrer que nous sommes de ceux qui admettent, pour adopter la formule convenue, la nécessité d'une *organisation du travail* conforme aux principes de la Révolution française. Et comment en serait-il autrement ? Le travail a été toujours organisé, bien ou mal ; dans les diverses phases qu'il a traversées, on a choisi divers modes suivant lesquels l'action de l'homme se combine avec celle du capital et des forces matérielles : l'esclavage, le servage, la corporation, étaient des formes d'organisation mauvaise ou imparfaite, qui opprimaient ou méconnaissaient les droits les plus sacrés de l'humanité. Mais l'acception qui s'attache dans notre esprit à ce terme d'*organisation du travail* est celle de la conciliation de l'ordre avec la liberté, sous l'empire des idées d'égalité civile, et de la saine application de la science économique aux rouages nombreux du travail libre. L'étude de la législation industrielle n'est pas autre chose que l'étude des dispositions qui ont pour but de donner à ce principe une satisfaction légitime.

L'économie politique s'occupe de déterminer les lois suivant lesquelles s'accomplit le phénomène de la production; elle est appelée à examiner le problème social sous ses deux aspects, celui de la richesse et celui de la misère des nations. La législation industrielle, qui se trouve constamment placée sur les limites du droit et de l'économie politique, rencontre aussi son complément dans les institutions de charité et de prévoyance.

L'action de la charité demeurera longtemps encore nécessaire, et l'action de la prévoyance sociale sera toujours indispensable. C'est le seul moyen *préventif* auquel notre constitution actuelle permette d'avoir recours.

L'action de la liberté industrielle doit se trouver régularisée par des moyens de *discipline*, des moyens de *garantie* et des moyens d'*influence*; elle est naturellement assujettie aux restrictions commandées par l'intérêt général. En outre, elle appelle l'établissement d'institutions *auxiliaires*, destinées à venir en aide à l'intelligence de l'ouvrier et à lui faciliter un avenir meilleur. Enfin, les intérêts du travail agricole, manufacturier et commercial doivent rencontrer une représentation large et active, qui révèle sans cesse les nouveaux besoins de l'industrie.

Nous n'avons pas la prétention de tracer ici le tableau complet de ces institutions ; elles ne sont pas toutes encore passées dans la pratique, plusieurs reposent à l'état de germe dans quelques essais isolés ; mais notre système industriel tient ses cadres ouverts pour toutes les améliorations réalisables ; le problème qui lui est proposé ne le **cède** point en élévation aux projets divers d'organisation mis en avant par les penseurs ; nous dirons plus, il l'emporte sur ces projets par l'étendue et la variété des combinaisons ; car, au lieu de rabaisser la nature au niveau de l'intelligence de l'homme, en lui ordonnant d'être simple, il travaille à **créer** un ensemble de règles en harmonie avec les phénomènes multiples qui se produisent sur le vaste domaine de la concurrence.

Ces règles, nous nous bornerons à les indiquer d'une manière rapide ; la simple énumération de ce qui a été déjà fait et de ce qui se prépare suffira pour justifier l'opinion que nous venons d'émettre.

Quelles sont les premières nécessités de cette *organisation du travail* que l'on réclame de toute part ? c'est de donner de l'occupation aux bras qui demandent du travail, c'est de faire régner l'équité et la bonne foi dans les rapports établis entre l'entrepreneur d'industrie et l'ouvrier, c'est d'accroître la valeur intrinsèque de la production, afin de procurer à chacun des agents une plus large part de rétribution. Sous tous ces rapports, la nouvelle organisation du travail n'a rien à envier à celle dont 1789 a fait bonne justice.

Le libre accès de toutes les industries permet d'utiliser les forces, que les règlements jaloux des corporations condamnaient au repos.

Au servage de l'atelier a succédé une convention librement débattue, qui fixe le prix du salaire.

Enfin, la rétribution du travail s'étend avec l'habileté du travailleur et la richesse de la production.

Tels sont les principes incontestables de notre constitution industrielle; nous aurons à examiner jusqu'à quel point la législation protége leur mise en œuvre. Si les lois sont incomplètes, défectueuses, on parviendra facilement à les modifier, du moment où le but qu'il s'agit d'atteindre sera nettement précisé.

On a prétendu que songer à l'amélioration du sort des classes laborieuses en présence du régime du salaire et de la concurrence, c'était affronter la solution de la quadrature du cercle. La conviction contraire nous domine; d'une part, nous croyons qu'avec une instruction professionelle largement répartie, des institutions de crédit bien organisées, les salles d'asile, les caisses d'épargnes, de secours mutuels et de retraite, avec de bonnes lois qui assurent la régularité des transactions, qui répriment la fraude, qui garantissent la propriété industrielle et qui mettent en action, dans de justes limites, l'intervention du gouvernement, le régime de la concurrence perdra son caractère inquiétant.

D'un autre côté, il nous semble que l'équitable attribution des salaires ressortira de notre constitution économique, du moment où l'on aura comblé les lacunes de notre Code du travail libre.

D'ailleurs, qu'on ne l'oublie point, si le salaire n'est pas la dernière expression de la rétribution du travail, si, comme nous le pensons, *l'association* est appelée à jouer un rôle immense dans l'avenir, il ne faut pas se révolter contre un ordre de choses qui favorise un acheminement régulier vers cette transformation nouvelle.

Aucune mesure de contrainte ne saurait réussir à hâter

l'établissement définitif de la solidarité entre tous ceux qui prennent part à l'œuvre de la production; l'esprit d'association grandira, il n'a pas à surmonter les obstacles que rencontrait la liberté de l'industrie et qu'elle a vaincus. Quand la Révolution est venue proclamer l'émancipation du travail, une irrésistible concurrence minait déjà, depuis deux siècles, l'édifice des maîtrises et jurandes; la loi a formulé un principe accepté par la conscience publique, *écrit ès cœurs des François*, pour parler le vieux langage de nos jurisconsultes. L'association a la même carrière à fournir, et sa marche sera plus rapide; car, au lieu d'être contrariée, elle est protégée par l'ensemble de nos institutions, elle se présente dès à présent comme le mode le plus favorable de relier les intérêts des entrepreneurs d'industrie et des ouvriers, en donnant à ceux-ci une part dans les bénéfices nets de l'opération industrielle.

La libre concurrence a possédé une valeur *négative* pour briser les anciennes corporations, pour détruire les rapports féodaux de l'agriculture et du commerce. Mais cette décomposition apparente porte le germe d'une vie nouvelle; car le progrès social ne peut consister à dissoudre toute association, mais à substituer aux associations forcées, oppressives des temps passés, des associations volontaires et équitables [1], des réunions formées non plus seulement dans un but de sécurité et de défense, mais dans un but commun de production.

L'isolement exagéré dont on se plaint tient à une époque de transition, époque agitée, difficile, qu'il nous faut traverser pour arriver par la conviction, par la coutume, par le clas—

---

[1] M. Rossi, *Cours d'économie politique*, t. II, p. 134 (deuxième édition).

sement régulier des intérêts, à ces associations volontaires qui multiplieront les forces par l'union, sans ôter à la puissance individuelle ni son énergie, ni sa moralité et sa responsabilité [1]. La puissance et l'avenir de l'association volontaire ont inspiré à un des plus illustres maîtres de la science économique, à M. Rossi, un chapitre admirable qu'il faudrait transcrire tout entier, pour bien faire saisir les caractères de la transformation inévitable qui s'établira de proche en proche dans la société, sans bouleversement, sans violence et par le seul empire du travail, de l'épargne et de l'éducation populaire. C'est dans ce sens que M. Rossi a dit avec une raison puissante : « Les salles d'asile et les caisses d'épargne peuvent changer la face de la société. »

Le régime du salaire lui-même n'est qu'une forme imparfaite d'association. Les détenteurs des agents naturels, les possesseurs du capital, qui n'est autre chose que le produit du travail antérieur mis en réserve pour servir à l'œuvre de la reproduction, les entrepreneurs qui apportent le contingent d'une intelligence exercée, et les ouvriers qui fournissent le concours de leurs bras, sont tous associés à l'œuvre commune ; ils partagent tous le produit commun. L'abondance du résultat obtenu et la proportion entre l'offre et la qualité des services offerts par chacun des contribuants d'une part, et la quantité du travail de l'autre, déterminent la quotité à laquelle chacun a droit, à titre de loyer, de profit et de salaire.

La célèbre formule de Fourier, l'association du capital, du travail et du talent, n'est que la reproduction de ce qui se passe dans toutes les branches de l'activité humaine.

---

[1] **M. Rossi**, *Cours d'économie politique*, t. II, p. 134 (deuxième édition).

Pénétrez au fond du contrat qui lie l'ouvrier et l'entrepreneur dans l'atelier, comme aux champs, et vous verrez qu'ils sont en réalité associés pour le partage du résultat de leur œuvre commune, à la formation de laquelle auront concouru le capital et l'intelligence de l'entrepreneur et le labeur de l'ouvrier. Le salaire n'est autre chose qu'une anticipation sur ce résultat, qu'une sorte de traité à forfait qui permet d'escompter l'avenir, pour subvenir aux besoins journaliers du travailleur.

A mesure que la société se développe, la part du capital diminue, celle du travailleur augmente ; telle est la formule du progrès accompli par la personnalité humaine, en vertu de l'émancipation successive du travail.

Mais ce n'est pas une action directe de l'autorité, par voie de contrainte, qui peut utilement modifier les termes de ce rapport ; ceux-ci obéissent à d'autres lois.

Vouloir supprimer le loyer des instruments du travail et les profits de l'entrepreneur, pour accroître d'autant le salaire, c'est compromettre par la violence un résultat qui se produira de lui-même, dans une juste mesure ; il ne faut dépouiller personne ; pour augmenter la part du travailleur, il n'est qu'un moyen efficace, c'est, nous le répétons, d'augmenter la masse de la richesse commune. Tandis que la masse des capitaux augmente, le taux de l'intérêt diminue ; en même temps, les capitaux font appel au travail, et leur abondance relève la valeur de l'industrie humaine. La diminution du loyer des capitaux dégage de plus en plus la valeur personnelle du travailleur. Refuser au travail d'hier, qui vient en aide au travail d'aujourd'hui, une part légitime dans le résultat, ce serait arrêter l'accumulation des capitaux, et par conséquent arrêter l'essor du travail lui-même, qui ne peut rien sans l'auxiliaire des capitaux ; ce serait agir comme le sauvage, qui couperait l'arbre pour cueillir le fruit.

Ce n'est point en essayant de détruire l'harmonie rationnelle de la production, que l'on arrivera à augmenter le bénéfice de l'ouvrier; c'est en cultivant son intelligence et son habileté, qui contribueront à augmenter l'utilité intrinsèque du travail; c'est en multipliant les établissements de crédit, qui mettront à des conditions modérées les instruments du travail à la disposition du travailleur intelligent; c'est en protégeant la formation des capitaux, et surtout l'épargne des classes laborieuses, car les capitaux sont autant de leviers remis à la main de l'homme; c'est encore en donnant l'impulsion à l'ensemble des occupations productives.

Si la demande de travail est plus grande et la qualité du travail meilleure, si les capitaux sont plus abondants et s'offrent avec plus de facilité à l'industrie, le salaire grandira. La formule de l'*offre* et de la *demande* est exacte; mais on aurait tort d'y voir une sorte de fatalisme, qui condamne l'activité humaine et le pouvoir à un rôle passif, car l'influence de bonnes institutions, l'intelligence des classes laborieuses et l'action éclairée de l'autorité peuvent exercer leur empire sur les deux termes de cette proportion, en améliorant la qualité du travail offert, en augmentant la quantité du travail demandé.

D'où vient la nécessité actuelle du salaire? Des besoins impérieux de l'ouvrier, qui ne saurait attendre que l'opération à laquelle il prête son concours soit achevée, ni exposer la satisfaction des nécessités les plus impérieuses de l'existence aux chances diverses de l'entreprise. Si toute la part qui lui revient lui est indispensable pour vivre, il faut qu'il la touche d'avance, en entier. Il se trouvera soustrait ainsi, du moins en apparence, aux éventualités qui peuvent menacer l'entrepreneur; mais il cessera aussi de profiter des bénéfices qui peuvent revenir à ce dernier.

La prospérité de l'industrie à laquelle l'ouvrier est attaché n'exerce plus, de cette manière, sur lui, qu'une influence indirecte, lointaine. Il en serait autrement s'il était associé, pour une part quelconque, au bénéfice de l'entrepreneur; si, outre le salaire ordinaire, destiné à subvenir aux premiers besoins de l'existence, il avait l'assurance d'obtenir, en cas de succès, une sorte de prime, une certaine portion dans le profit éventuel du fabricant. Cette convention serait également utile à l'ouvrier de la manufacture, qui, encouragé par la perspective d'un certain avenir, cesserait de tourner sans espoir, attaché, comme Ixion, à la roue du travail, et pour l'entrepreneur qui verrait le zèle, l'attention et l'intelligence des travailleurs augmenter dans un intérêt commun [1].

La participation aux bénéfices est un pas de plus dans la voie de l'association; celle-ci sera complète lorsque les lumières nécessaires pour diriger l'industrie, et les capitaux qui en sont l'aliment, viendront se confondre avec les forces des travailleurs. Alors, ceux-ci seront à la fois entrepreneurs, capitalistes et ouvriers, alors seulement ils auront droit à se partager tout le résultat obtenu; ils formeront, s'il nous est permis de nous exprimer ainsi, un fabricant collectif, qui joindra aux bras propres au travail matériel l'intelligence indispensable pour l'achat, le choix et la disposition des matières premières, la connaissance des débouchés et le crédit nécessaire; en d'autres termes, tout ce qui

---

[1] Dans ses remarquables Études sur l'Angleterre (Manchester, deuxième partie), M. Léon Faucher a développé les considérations qui se rattachent à ce système, qu'il avait produit dès 1832 dans le journal le *Temps*.

constitue maintenant le service rendu par l'entrepreneur; tout ce qui justifie ses profits.

Pour arriver à ce dernier échelon du progrès, il faut que l'instruction populaire développe les facultés, il faut que l'agglomération des petits capitaux multiplie les ressources des classes laborieuses.

Aussi les caisses d'épargnes forment-elles l'instrument le plus puissant de leur émancipation. Les caisses d'épargnes ne sont pas seulement destinées à éveiller la prévoyance des citoyens, pour compenser les pertes des mauvaises années par le bénéfice mis en réserve, et pour faire face aux accidents imprévus; d'autres institutions peuvent également contribuer à ce but salutaire : mais ce qui donne aux caisses d'épargnes leur plus grande utilité, c'est qu'elles servent de réservoir aux plus modestes économies, c'est qu'elles empêchent le profit du travail journalier d'aller en s'émiettant, c'est qu'elles président à la formation de ce capital populaire qui s'accroît aujourd'hui dans une progression rapide.

Elles sont toujours vraies ces paroles de Franklin, qui montrent, avec l'âpreté d'une conviction énergique, que l'avenir des classes laborieuses est avant tout dans leurs propres mains : « Si quelqu'un vous dit que vous pouvez vous enrichir autrement que par le travail et l'économie, ne l'écoutez pas, c'est un empoisonneur. » Le travail intellectuel et matériel et l'économie mènent à l'extinction du *prolétariat* proprement dit, qui englobe ceux qui ne possèdent aucune réserve, aucun capital, et, avec le prolétariat, disparaîtra le paupérisme.

Dans un magnifique élan d'éloquence, Danton comparait l'homme qui participe aux bienfaits de la propriété au géant de la fable, dont les forces doublaient alors qu'il touchait le sol. Or, la propriété, ce n'est pas seulement la terre, la va—

leur immobilière, dont l'étendue est fixe et limitée; les valeurs mobilières, les capitaux, fruit d'un labeur intelligent et d'une sage prévoyance, ajoutent sans cesse des richesses nouvelles à la masse des richesses acquises. Les hommes ne sont pas destinés à s'abattre uniquement sur la terre comme une volée d'oiseaux affamés pour s'y disputer leur pâture [1]. Par le travail, ils s'associent à l'œuvre du Créateur, ils la continuent, et ouvrent, pour l'amélioration du sort du plus grand nombre, un horizon sans limites.

L'épargne, qui ajoute aux instruments du travail et devient la source des capitaux productifs, est appelée à jouer le plus grand rôle dans l'émancipation progressive des classes laborieuses, affranchies par elle des rudes atteintes du besoin, dotées par elle de cette dignité, de cette force que donne la possession du plus mince avoir ; la création des caisses d'épargnes est un des éléments les plus puissants d'amélioration populaire, c'est peut-être l'instrument le plus énergique que la démocratie moderne ait mis au service des classes laborieuses. Nous ne nous dissimulons en aucune manière les difficultés qu'entraîne la constitution de cette grande banque du peuple; mais nous repousserions avec énergie toute mesure qui pourrait porter atteinte aux habitudes d'épargne de la population; il y a ici un immense intérêt de morale et d'organisation sociale, qui domine tous les autres.

Les caisses d'épargnes n'ont pas manqué de détracteurs; les uns se sont émus à la pensée de la responsabilité qu'elles font peser sur le Trésor public, les autres n'y ont vu qu'un palliatif insignifiant, qu'une sorte de dérision, en présence de la misère des travailleurs. « Les ouvriers n'ont pas de

---

[1] M. Troplong, *du Contrat de louage*, préface,

quoi vivre, disent-ils; comment voulez-vous qu'ils se créent des ressources pour l'avenir au moyen d'une économie impossible? »

L'objection est puissante, mais elle porte à faux dans sa généralité; elle prouve que les *caisses d'épargnes* ne suffisent pas à elles seules pour résoudre le vaste problème posé par la Révolution, pour formuler le dénoûment de ce drame imposant de l'émancipation de l'industrie, dont l'édit de Turgot apparaît comme le prologue et dont nous traversons aujourd'hui la péripétie. Mais nous ne croyons point à ces remèdes universels, à ces spécifiques merveilleux dont la vertu suffirait pour guérir toutes les plaies du corps social. A chaque institution son œuvre : gardons-nous bien de répudier aucune amélioration, quelque modeste qu'elle soit, sous prétexte qu'elle ne suffit point à elle seule pour la solution du problème social; car aucune n'y suffira, car ce n'est qu'une série d'institutions variées dans leurs formes qui peut élever pierre à pierre le magnifique édifice du travail libre [1].

Si les caisses d'épargnes ne peuvent pas tout faire, elles peuvent faire beaucoup pour avancer l'œuvre de la Révolu-

[1] Pour mon compte, j'ai peu de foi en ces espérances de rénovation subite et totale renfermées dans des formules pompeuses et vagues, régnantes aujourd'hui comme d'autres ont régné en d'autres temps. Pour y avoir cru, la génération de 89 s'est vue précipitée dans une série de crises, au terme de laquelle rien ne s'est trouvé solidement établi, que les seules réformes dont la notion précise et délimitée était, au début, dans tous les esprits... Cherchons avec ferveur les occasions, si petites qu'elles soient, d'introduire toute amélioration évidemment indiquée par le sentiment universel... Malheur à ceux dont l'imagination dédaignerait cette humble tâche, et malheur aussi à ceux qui la repousseraient comme trop pénible. Leur vanité égoïste et leur égoïste paresse prépareraient pour l'avenir de terribles orages, qu'une virile, patiente et modeste résolution aurait pu conjurer. (Anselme Petetin, *Situation industrielle du bassin houiller de la Loire. Revue indépendante*, 25 mai 1844.)

tion, pour consolider l'avénement social des classes laborieuses. Sans doute, il est une portion des travailleurs qui se
trouve hors d'état d'économiser sur un faible salaire ;
occupons-nous activement de la faire arriver à une position
meilleure, qui lui permette de ne plus vivre au jour le jour,
qui lui procure quelque sécurité pour le lendemain.

Mais une autre portion des classes laborieuses est déjà en-
trée d'un pas ferme dans la carrière de l'indépendance et de la
propriété ; celle-là, grâce au Ciel, grandit de jour en jour.
Elle s'impose des privations pour parvenir à la possession
d'un certain capital, et elle fait bien ; car cette possession
donne à l'activité humaine un complément nécessaire ; elle
conduit ou à l'établissement de l'artisan, ou à la réunion d'un
nombre progressif de travailleurs en associations, munies
des instruments de travail. Les privations s'ennoblissent par
leur but, le sacrifice conduit à la rédemption !

C'est ainsi qu'ont fait les véritables fondateurs de nos
libertés, ces pauvres artisans, forgerons ou tisserands, ac-
cueillis par grâce au pied d'un château, serfs réfugiés au-
tour d'une église, dont M. Michelet a éloquemment raconté
la touchante histoire. « Ils s'ôtèrent les morceaux de la
bouche, aimant mieux se passer de pain [1] » pour acheter des
franchises, des priviléges, et ils fondèrent la commune, ils
constituèrent ce tiers état dont Sieyès put dire, quelques
siècles plus tard : « Que doit-il être ? Tout. »

C'est aux classes laborieuses à suivre maintenant l'exemple
que leur donne la formation lente et pénible du tiers état.
Les mêmes travaux, la même persévérance, le même cou-
rage les rendront dignes d'un pareil triomphe. Mais elles

[1] *Histoire de France*, t. II, p. 264.

doivent se tenir en garde contre une capricieuse impatience, car le temps ne respecte que ce qu'il fonde.

Si, comme nous en avons la conviction, l'association appuyée sur l'épargne et sur les progrès des lumières est appelée à exercer un grand empire sur l'avenir de notre organisation industrielle, il faut écarter ce qui pourrait gêner sa marche [1]; il faut protéger ses applications variées, sans rien brusquer; car la société ne procède point par soubresauts; elle ne s'assimile que peu à peu, successivement, les améliorations les plus fécondes.

L'esprit d'association est un germe qui ne demande qu'à être cultivé avec soin pour porter des fruits abondants et salutaires [2]. Mais on doit, pour cela, faire pénétrer dans tous les esprits les notions fondamentales de l'économie nationale, bien faire comprendre la nature et les variations des salaires, l'origine et l'action des petits capitaux, le danger de les perdre, le moyen de les employer utilement, les ressources qu'offre l'association, soit pour accroître la puissance productive du travail, soit pour diminuer les dépenses individuelles et donner plus de développement au principe fécond des secours mutuels [3].

Les petits capitaux sont comme la poussière à qui le vent seul donne un corps en la soulevant. L'association est la force qui les fait mouvoir et qui les rend féconds, d'improductifs qu'ils étaient dans leur état d'isolement, de dispersion [4].

Du moment où ces atomes apprendront à se réunir, la démocratie industrielle sera fondée.

---

[1] Lascialo pur andar, che farà buon viaggio (ARIOSTO).

[2] Rossi, *Cours d'économie politique*, t. II, p. 225.

[3] *Ibid.*, p. 127.

[4] Léon Faucher, *De la souscription directe dans les entreprises de travaux publics* (*Revue des Deux-Mondes*, juin 1838, p. 699).

Veillons avec sollicitude à ce que la fraude, le charlata-
nisme, l'agiotage, les promesses les plus décevantes, les
spéculations les plus folles ne viennent point fondre comme
une pluie d'orage sur les premiers essais; autrement, la
poussière des petits capitaux, rendue compacte par le souffle
puissant de l'association, ne laissera que de la boue, comme
trace de son passage.

C'est ainsi que nous avons vu gaspiller, il y a quelques années, le magnifique élan imprimé aux forces productives du
pays par la formation de nombreuses sociétés.

Une sorte de *chevalerie* industrielle, âpre à la curée, in-
différente sur le choix des moyens qui conduisent à la fortune, n'a rien épargné pour exploiter un principe salutaire
en le transformant en instrument de déception. Ce dont elle
s'inquiétait le moins, c'était le résultat final de chaque entreprise; le commerce des actions était son but unique, et,
emportés par une fièvre de spéculation qui rappelait les jours
fameux de la rue Quincampoix, les petits capitalistes ne son-
geaient plus qu'à faire fortune du jour au lendemain, qu'à
réaliser des gains énormes à cette vaste loterie. La Bourse
était devenue un temple enchanté, et le prosaïque carnet de
l'agent de change tenait lieu de la baguette du magicien :

En ses heureuses mains le cuivre devient or.

L'association, qui commençait à se développer, a été pa-
ralysée au contact de ces menées frauduleuses.

La leçon a coûté cher au pays, elle ne sera pas perdue pour
l'avenir; désormais, les diverses applications de l'esprit d'association se feront avec plus de mesure, de sagesse et de
prévoyance. Réveillons donc des tendances heureuses, dé-
tournées de leur cours par des abus honteux : en 1837, en
1838, on ne parlait que de sociétés industrielles; tout d'un
coup, le charme a été rompu, et les efforts sérieux ont par-

tagé le sort des opérations chimériques ou mensongères. Gardons-nous de cette atonie qui succède à un engouement irréfléchi ; sachons mieux utiliser l'agglomération des petits capitaux, car celle-ci renferme le principe des plus larges progrès.

L'esprit d'association nous apparaît sous un double aspect : sous la forme *active* et sous la forme *passive*. L'*association active* réunit les forces individuelles pour l'œuvre de la production ; elle a besoin de liberté dans les mouvements, de rapidité dans les résolutions ; elle demeure dans le domaine de l'industrie privée. L'*association passive*, les *assurances* qui préviennent les brusques revirements de fortune, en reportant sur tous les associés les pertes subies par quelques-uns d'entre eux, qui créent des ressources pour la vieillesse, préparent l'établissement des jeunes ménages, mettent à l'abri du besoin les veuves et les orphelins, maintiennent et augmentent la fortune publique, en réveillant les sentiments d'affection et de prévoyance, les *assurances* reposent sur des calculs fixes et d'autant plus précis, qu'ils approchent davantage des lois qui régissent les grands nombres et qui maîtrisent le hasard ; les *assurances* nous semblent donc, par leur nature, appartenir au domaine de l'État, expression directe de la grande association des citoyens.

C'est dans cette classe d'institutions que rentrera une création, sœur des caisses d'épargnes, la caisse de retraite pour les classes laborieuses, fondée sous la haute direction et sous la garantie de l'État ; elle fournira un nouvel aliment à l'esprit de prévoyance.

Nous nous sommes laissé entraîner à de longs développements sur le point essentiel, à notre sens, de l'application active, variée de l'esprit d'association. Mais il faut encore d'autres digues contre les vagues de l'Océan, d'autres me-

sures pour régulariser l'action du travail libre. Nous essaye-
rons de les indiquer en continuant cette étude sur *l'organisation industrielle*, telle que nous la concevons, fidèle aux
grands principes posés depuis soixante ans, ne faisant point
divorce avec le passé, et marchant d'un pas assuré et tranquille vers un avenir meilleur.

Le travail affranchi des liens de l'ancien régime a conquis,
avec une puissance nouvelle, une dignité inconnue, le res-
pect de tous, et c'est la France qui a donné le signal de cette
révolution dans les idées, dans les habitudes du monde entier. Les questions qui touchent au sort des classes laborieuses prennent aujourd'hui le pas sur toutes les autres;
non-seulement l'injuste dédain dont la société ancienne
poursuivait l'œuvre de l'industrie a disparu, mais encore
celle-ci est honorée à sa juste valeur; les luttes du travail
attirent l'attention universelle; on subit, dans le pays dont
la constitution diffère le plus de la nôtre, ce fruit de l'égalité.

Le monde ancien, voué au culte de la forme, accourait
aux jeux des Olympiades; le moyen âge se passionnait pour
les tournois de la chevalerie; plus tard les grandes mani-
festations de la puissance militaire attirèrent tous les re-
gards. Maintenant est venu le jour des fêtes du travail, des
expositions, qui rehaussent l'éclat des services rendus par
l'industrie. Les *expositions* sont, comme les grandes idées
de liberté commerciale, originaires de France ; nous
aurons à déterminer le caractère et la portée véritables de
ces solennités, à fixer le rôle qu'elles sont appelées à remplir
dans l'organisation industrielle; elles constituent maintenant un fait important, presque universel. L'exemple de
la France a entraîné les autres nations, les expositions se
multiplient au dehors; les idées françaises pénètrent les

esprits, et commencent à diriger l'action des gouvernements, même de ceux qui veulent le plus se raidir contre leur influence. Les fêtes du travail sont une conception libérale, elles remplacent partout les fêtes où dominait exclusivement la pensée guerrière ou aristocratique.

Nous le répétons, c'est l'émancipation du travail qui l'a élevé à cette dignité. La liberté industrielle a ses dangers sans doute; comme toute liberté, elle ne peut servir d'aliment qu'aux peuples forts et éclairés; mais, au lieu de nous laisser décourager par des épreuves passagères, efforçons-nous de nous rendre dignes de l'émancipation du travail; complétons l'œuvre laborieuse de nos pères; nous parviendrons ainsi à concilier la sécurité du travailleur et la régularité des transactions, avec la liberté du travail, et nous échapperons à l'alternative indiquée dans ces paroles qu'une nation fière et jalouse de son indépendance avait adoptées pour devise : *Malo periculosam libertatem quam quietum servitium;* « je préfère une liberté périlleuse à une servitude tranquille. »

La régularisation du travail libre est, à nos yeux du moins, une œuvre complexe en voie de réalisation; dans notre prochaine leçon nous aborderons l'examen des lois et des institutions qui doivent concourir à la solution de ce grand problème de la société moderne.

L. Wolowski.

www.ingramcontent.com/pod-product-compliance
Lightning Source LLC
LaVergne TN
LVHW050323030726
842520LV00005B/1749